Tarô dos GNOMOS

ALFABETO

© Publicado em 2023 pela Editora Alfabeto

Supervisão geral: Edmilson Duran
Revisão: Bruna Gomes Ribeiro
Capa: Alex Picolli
Diagramação: Décio Lopes
Ilustração das Cartas: Paulo Rodrigues

DADOS INTERNACIONAIS DE CATALOGAÇÃO NA PUBLICAÇÃO (CIP)
Angélica Ilacqua CRB-8/7057

Valentim, Victor
Tarô dos Gnomos / Victor Valentim — 1ª edição — São Paulo: Editora Alfabeto, 2023.
ISBN 978-65-87905-54-9

1. Tarô   2. Arte Divinatória   I. Título

Índices para catálogo sistemático:

1. Tarô

Todos os direitos reservados, proibida a reprodução total ou parcial por qualquer meio, inclusive internet, sem a expressa autorização por escrito da Editora.

A violação dos direitos autorais é crime estabelecido na Lei n. 9.610/98 e punido pelo artigo 184 do Código Penal.

EDITORA ALFABETO
Rua Protocolo, 394 | CEP 04254-030 | São Paulo/SP
Tel: (11)2351.4168 | E-mail: editorial@editoraalfabeto.com.br
Loja Virtual: www.editoraalfabeto.com.br

Cada uma das cartas do Tarô faz parte das páginas de um livro para o infinito.

Quando pequeno, tive minha primeira experiência mágica quando entrei em uma biblioteca. Minha professora havia me falado: "Neste local temos a energia da sabedoria, e por meio de cada um desses livros você poderá se transportar para lugares mágicos, repletos de gnomos, fadas, dragões, duendes e outras criaturas mágicas. Sempre que precisar, basta abrir um livro".

As cartas do Tarô são o espelho da nossa alma. Sempre que precisar de um conselho, uma luz ou um direcionamento, utilize-o para auxiliar você.

Agradeço desde já por adquirir este livro mágico. Você tem em mãos um pedaço de um grande sonho que sempre tive desde criança. Espero que todos os seus sonhos se tornem realidade e que este Tarô possa ajudar você a encontrar o pote de ouro no final do arco-íris!

Dedico este livro à minha avó,
que ensinou-me a acreditar
que os gnomos existem.

SUMÁRIO

Introdução....................................9

Como Iniciar.................................13

Métodos de Tiragens..........................17

O Significado das Cartas......................27

Os Arcanos Maiores...........................27

Os Arcanos Menores e os Naipes................73

Anexos.....................................187

    Os Cristais e os Arcanos Maiores 187

    Palavras-chaves dos Arquétipos Arcanos Maiores..... 189

    Numerologia 191

    Signos Solares, Planetas e suas Associações
    às Cartas dos Arcanos Maiores..................... 192

Sagradas sejam as criaturas da natureza.
Que o portal dos elementais se abra
junto com o seu coração.

INTRODUÇÃO

O Tarô dos Gnomos está interligado com os poderes mágicos das criaturas da natureza – os seres da Terra, da Água, do Fogo e do Ar –, mas principalmente dos gnomos. Ele está dividido em 4 naipes: Ouros, Copas, Espadas e Paus.

As cartas trazem a conexão e interpretação artística de Pamela Colman Smith, a artista que criou um dos Tarôs mais conhecidos do mundo, o do esotérico Arthur Edward Waite. Sendo assim, trata-se de um Tarô propício para quem está iniciando nesta jornada. Agora, caso você já esteja estudando o Tarô há um tempo, deixe sua imaginação tentar desvendar seus mistérios e toda a linguagem esotérica que está escondida em cada uma dessas cartas.

Qualquer um pode jogar o Tarô?

O Tarô é uma ferramenta de consulta que você também pode utilizar para tirar para outras pessoas. Neste livro, apresentarei a você alguns dos meus métodos de tiragem favoritos.

Antes de começar a tirar as cartas, permita-se. Busque compreender as imagens, fazer a leitura de seus símbolos, arquétipos e do humor que cada uma delas passa a você. Abra o seu coração para este livro e permita-se ser transportado para o mundo mágico dos gnomos.

Quem são os gnomos?

Os gnomos estão presentes em diversos folclores, como o norueguês. Essas pequenas criaturas possuem uma grande influência na região da Escandinávia e em países nórdicos, como Noruega, Islândia, Dinamarca, Suécia e Finlândia.

Surgem também como pequenas criaturas, às vezes sendo vistos como duendes, mas estes costumam ter orelhas pontudas e são mais sapecas. Os gnomos, por sua vez, são criaturas extremamente sábias e ligadas ao trabalho. As lendas sobre eles são infinitas, e seus mitos continuam vivos até hoje. Conhecidos como seres que regem a energia da terra, dos cristais, das plantas e das ervas, são normalmente descritos em estudos como "pequenos gênios que habitam a Terra".

Minha primeira conexão com os gnomos foi aos três anos de idade, quando uma professora se vestiu de gnomo e contou que eles protegiam a natureza, as florestas e os bosques contra pessoas que tentassem destruir a fauna e a flora. Desde então, eles fazem parte do meu caminho.

Os gnomos são criaturas elementais, conectadas com a terra e com o céu, com a espiritualidade e com o nosso plano físico. Muitas pessoas relatam já os terem visto ou se deparado com eles. Ao utilizar este Tarô, você poderá ver, pelo canto dos olhos, pequenas criaturas correndo, ou terá a sensação de que seres mágicos estão observando você.

Os gnomos acreditam em você e em sua energia. Você acredita neles?

COMO INICIAR

Para iniciar suas tiragens de Tarô, aconselho você a estudar os arcanos maiores e, depois, adentrar o mundo dos arcanos menores.

Os arcanos maiores são vistos como os mistérios maiores ligados aos céus e ao mundo espiritual. Já os arcanos menores estão ligados aos mistérios menores da Terra, ou seja, estão ligados ao mundo dos humanos.

As mensagens do Tarô estão interligadas ao céu e à terra. Então, sempre que for utilizar este Tarô, peça que a energia dos gnomos auxilie você, trazendo respostas e direcionamentos para as suas perguntas. Antes disso, porém, vamos consagrar este Tarô – ou seja, torná-lo sagrado.

Como consagrar o Tarô

Você precisará de uma vela na cor verde, um ramo de alecrim fresco, um perfume ou spray de sua preferência e seu incenso favorito. Faça esta consagração durante a fase de Lua Cheia – a lua que ajudará você a se conectar com o seu amor e a se dedicar aos estudos da magia dos elementais.

Escolha uma música agradável e um local que você goste fazer seu ritual. Espalhe as cartas sobre uma toalha, formando um círculo completo, mentalize uma floresta e um lindo círculo de luz verde-esmeralda ao redor dele. Acenda o incenso e passe em você, pelo espaço e sobre cada uma das cartas. Caso tenha a representação de um gnomo, duende ou qualquer elemental, coloque o incenso próximo das cartas. Peça mentalmente a limpeza energética das cartas e repita:

*"Pelas forças do ar,
limpo, purifico e consagro este Tarô com a
minha energia, para que ele responda,
de forma clara e objetiva,
todas as perguntas que forem feitas.*

*Pelo poder dos Gnomos do Leste,
tragam a concentração, o foco e a criatividade.*

Que assim seja e que assim se faça."

Pegue o ramo de alecrim e passe suavemente na frente e no verso de cada uma das cartas, gerando a conexão com o elemento Terra, e repita:

"Pelas forças da terra,
limpo, purifico e consagro este Tarô com a
minha energia, para que ele responda,
de forma clara e objetiva,
todas as perguntas que forem feitas.

Pelo poder dos Gnomos do Norte,
tragam a fartura, a abundância e a prosperidade.

Que assim seja e que assim se faça."

Após passar o alecrim em cada uma das cartas, passe o perfume em suas mãos, coloque-as sobre as cartas e repita:

"Pelas forças da água,
limpo, purifico e consagro este Tarô com a
minha energia, para que ele responda,
de forma clara e objetiva,
todas as perguntas que forem feitas.

Pelo poder dos Gnomos do Oeste,
tragam a intuição, o perdão e o amor.

Que assim seja e que assim se faça."

Acenda a vela e mentalize a luz da vela indo para cada uma das cartas. Aproximando-as da chama, mas sem deixar que fiquem muito perto, repita:

> "Pelas forças do fogo,
> limpo, purifico e consagro este Tarô com a
> minha energia, para que ele responda,
> de forma clara e objetiva,
> todas as perguntas que forem feitas.
>
> Pelo poder dos Gnomos do Sul,
> tragam a força, o poder e a luz.
>
> Que assim seja e que assim se faça."

Deixe os quatro elementos ao lado das cartas, agradeça mentalmente a luz esmeralda e a presença dos gnomos, mentalize o círculo voltando para o seu local de origem e desaparecendo, e deixe o Tarô próximo da vela e do incenso até ambos terminarem de queimar. Com o alecrim, faça, no mesmo dia, um banho de ervas da forma que sentir em seu coração.

Métodos *de* Tiragens

O Portal dos Elementais

Este é o método mais simples e eficaz para receber um conselho, uma dica ou um direcionamento referente a uma pergunta. Embaralhe as cartas e abra em sentido horário. Retire a carta de cima e peça aos gnomos para trazerem sua sabedoria nessa carta, como uma mensagem dos elementais da natureza.

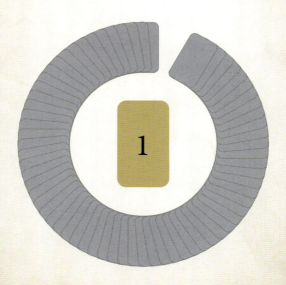

Três Cristais

Embaralhe as cartas, coloque três cartas voltadas para baixo e posicione três cristais acima das cartas ao fazer esta tiragem, pedindo para que os gnomos tragam sua energia e respondam suas perguntas. Após a mentalização, vire as cartas e veja as respostas:

1. O que aconteceu (PASSADO)
2. Pelo que você está passando (PRESENTE)
3. O que você deve fazer (FUTURO)

Tricot dos Gnomos

Um método simples para saber a sua situação atual ou a do consulente.

1, 2, 3. Situação atual
4, 5. O que deve ser feito
6. Dica final

Relógio Solar dos Gnomos

Este método é usado para contagens de tempo e deve ser feito apenas com os arcanos maiores.

Separe as 22 cartas e retire uma a uma, formando as 12 cartas. Vire cada uma delas até aparecer a carta do Sol, que representa o tempo que levará para o seu desejo se realizar. Por exemplo, caso essa carta saia no número 3, isso significa que demorará 3 meses ou 3 anos. Caso o Sol não saia nessa tiragem, os gnomos respondem: seu desejo não tem previsão para acontecer no momento.

Este método também pode ser tirado com o Tarô inteiro para fazer previsões de cada um dos meses do ano.

Arco-Íris

Este método deve ser tirado para verificar como está a energia de cada um dos seus chakras.

1. Básico (seus medos)
2. Umbilical (criatividade)
3. Plexo solar (ambição)
4. Cardíaco (sentimentos)
5. Laríngeo (comunicação)
6. Frontal (o que está à sua frente)
7. Coronário (espiritualidade)

Templo do Amor

O templo do amor é uma tiragem para ser feita entre duas pessoas. Pode ser utilizado para casais, amigos ou até amantes.

1, 2, 3. Sua energia
4, 5, 6. Energia da pessoa
7, 8, 9. Conselho para ambos

Cruz Celta dos Gnomos

Este é um dos meus métodos de tiragens favoritos. Escolha um tema, por exemplo: trabalho, amor, espiritualidade, família ou aquilo que desejar e abra as cartas:

1, 2. Situação atual
3. Passado
4. Presente
5. Futuro
6. Obstáculos
7. Como as pessoas veem você
8. Como você realmente é
9. Maior medo
10. Dica

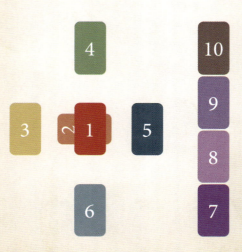

Cogumelo

O método do cogumelo é uma forma completa de tiragem de um tema específico. Conectando-se à energia dos gnomos, peça o aconselhamento deles sobre sua situação atual.

1, 2, 3. Situação atual
4, 5. Obstáculos
6. Como as pessoas veem você
7. Como você realmente é
8, 9, 10. Dica final

O Significado *das* Cartas

OS ARCANOS MAIORES

O LOUCO

O LOUCO

Palavras-chave: Confusão, distração, aventuras, dúvidas, imprudência, indecisão, espontaneidade, descoberta, ingenuidade.

Lewis Carroll, ao escrever *Alice no País das Maravilhas*, trouxe uma frase dita pelo Gato Cheshire à Alice: "Se você não sabe para onde ir, qualquer caminho serve". Essa frase descreve exatamente a personalidade do Louco. Passamos por momentos de confusão, onde nos sentimos perdidos, e às vezes por altos e baixos; apesar disso, deixamos sempre a vida nos levar. No entanto, precisamos nos lembrar de que a única pessoa que possui a chave dos nossos caminhos somos nós mesmos.

O Louco se joga em suas aventuras e não se importa com o que pode acontecer. Ele pode ser imprudente e, ao mesmo tempo, imediatista. Esta carta também pode representar um momento em que você se encontra perdido. Aproveite essa aventura e lembre-se de reencontrar o caminho de volta para casa.

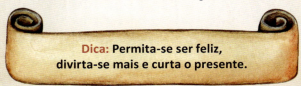

Dica: Permita-se ser feliz, divirta-se mais e curta o presente.

O MAGO

Palavras-chave: Início, persistência, magia, moldar, começo, habilidade, sucesso, criatividade, imaginação, coragem.

Os quatro elementos surgem trazendo o início da sua jornada e cabe a você moldá-los para conquistar aquilo que deseja. Pode ser que não consiga de primeira, mas por meio da persistência, da prática e do seu amor, as coisas tendem a funcionar.

O Mago marca o início da sua jornada, a intenção que você coloca junto ao coração para o seu exterior. Acredite em si mesmo, ouça seus instintos. Um caminho se abre e as oportunidades aparecem. Agora é o momento de olhar para frente e iniciar sua caminhada.

Sua mente é infinita, criativa e espontânea. Seus pensamentos não param; por isso, foque em seu sonho e direcione-se para os seus objetivos.

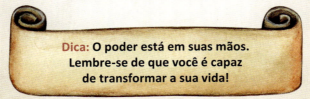

Dica: O poder está em suas mãos. Lembre-se de que você é capaz de transformar a sua vida!

A SACERDOTISA

Palavras-chave: Intuição, segredos, poder feminino, emoções reprimidas, mistérios, quietude, estudos, leitura.

A grande bruxa oculta seus maiores feitiços. Seus sentimentos estão guardados a sete chaves; sua intuição e sensitividade estão à flor da pele.

O momento é de se resguardar, compreender os sentimentos ocultos dentro de seu ser. Cuidado com quem você revela seus segredos. Mantenha seus feitiços secretos em seu grimório.

Procure conectar-se a seus segredos e energias íntimas. Não ignore a sua intuição, o momento é de ouvir aquilo que está guardado dentro das suas sombras.

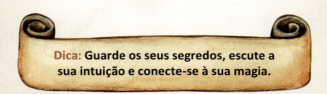

Dica: Guarde os seus segredos, escute a sua intuição e conecte-se à sua magia.

A IMPERATRIZ

Palavras-chave: **Poder, força, sucesso, conquistas, maternidade, fertilidade, abundância, liderança, beleza, sensualidade.**

Você se perdeu no caminho? A Imperatriz aparece para lembrar-te de que você é uma pessoa de luz, poder e grande força, e que em breve a prosperidade lhe encontrará e abençoará o seu caminho.

Conecte-se ao seu poder feminino. Escute a sua Deusa interior, a força da Grande Mãe Gnoma, que gera força e poder pessoal. Um momento de muita iluminação, crescimento, fartura e boas energias.

Sua presença nas tiragens também pode indicar liderança ou maternidade chegando em sua vida.

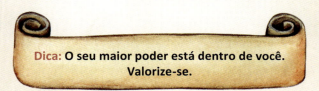

Dica: O seu maior poder está dentro de você. Valorize-se.

O IMPERADOR

Palavras-chave: Liderança, arrogância, energia masculina, controle, estratégia, teimosia, dominador, segurança, proteção.

O cetro foi oferecido ao Rei dos Gnomos – será que ele é capaz de ser um bom líder? O poder aparece em suas mãos – saiba ser gentil com as pessoas ao seu redor.

O Imperador muitas vezes pode aparecer como um ser tirano ou controlador, aquele que busca estratégias para resolver seus problemas.

A energia masculina está em seu ápice. Abra a sua mente para se conectar com o seu crescimento e a sua expansão, e tome cuidado para não ser um chefe muito autoritário.

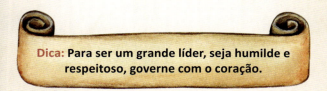

Dica: Para ser um grande líder, seja humilde e respeitoso, governe com o coração.

Os Arcanos Maiores

O PAPA

Palavras-chave: **Espiritualidade, casamento, tradição, dogmas, sabedoria, mentor, regras, rigidez, educação.**

A carta do Papa gera organização através de seus dogmas e suas leis. Ela busca trazer conhecimento por meio de um mentor ou sacerdote.

O momento é de conectar-se com a sua fé e sua espiritualidade. Procure compreender o porquê de cada situação, pois esta carta representa o elo entre terra e céu.

Reflita e tome cuidado com a ignorância, o preconceito e a rigidez. Abra o seu ser para uma conexão pura com a sua própria natureza.

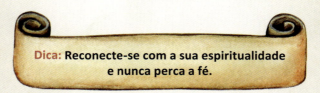

Dica: **Reconecte-se com a sua espiritualidade e nunca perca a fé.**

OS ENAMORADOS

Palavras-chave: Amor, relacionamentos, união, dualidade, parcerias, dúvidas, escolhas, decisões.

Já dizia Antoine de Saint-Exupéry, escritor de *O Pequeno Príncipe*: "Amar não é olhar um para o outro, é olhar juntos na mesma direção".

Os Enamorados surgem trazendo um momento de romance e paixão: oportunidades para novos relacionamentos, laços se tornando cada vez mais fortes e o amor à flor da pele.

Ao mesmo tempo, dúvidas podem surgir, caso o tema não seja especificamente o amor, em sua tiragem.

Qual caminho devo seguir? Será que existe um caminho correto?

Procure seguir o caminho do seu coração. Afinal, todos os caminhos irão levá-lo para algum lugar, basta você saber para onde deseja ir.

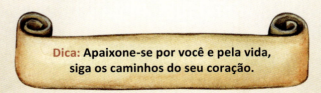

Dica: Apaixone-se por você e pela vida, siga os caminhos do seu coração.

7
O CARRO

O CARRO

Palavras-chave: Movimento, conquista, vitória, ação, viagens, oportunidades, seguir em frente, força de vontade.

Tome as rédeas da sua carruagem e direcione-se para a sua vitória. É o momento de movimentar-se. Caso sinta que as energias estão paradas, O Carro mostra que isso é passageiro.

Oportunidades surgem referentes a mudanças (positivas!), como viagens, mudanças de casa ou trabalho – O Carro leva você ao triunfo e à vitória.

Lembre-se de que a única pessoa que controla a sua carruagem é você mesmo e que todos os caminhos o levarão a um aprendizado e ao sucesso pessoal.

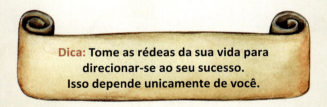

Dica: Tome as rédeas da sua vida para direcionar-se ao seu sucesso. Isso depende unicamente de você.

A FORÇA

Palavras-chave: Coragem, instintos, poder, persuasão, resistência, autocontrole, força interna.

Pode ser que você esteja passando por um momento em que esteja fragilizado ou machucado, mas A Força surge para lembrá-lo do quanto você é capaz de ser forte e superar seus obstáculos.

Chegou a hora de enfrentar seus medos. Mostre ao mundo – e principalmente para si mesmo – o quanto você pode superar seus próprios desafios.

A força interna que existe dentro de você se conecta a esta carta, gerando motivação para continuar a lutar e batalhar contra seus trolls internos.

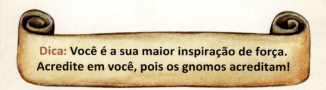

Dica: Você é a sua maior inspiração de força. Acredite em você, pois os gnomos acreditam!

O EREMITA

Palavras-chave: Reclusão, introspecção, solidão, sabedoria, paciência, meditação, isolamento.

Quanto mais envelhecemos, mais se faz necessário ouvir nosso ser e deixar de se importar com a opinião dos outros.

O momento é de refletir, ficar só e pensar. A única pessoa que porta a luz para as suas respostas é você mesmo. Lembre-se de ter paciência, caminhar com calma e tranquilidade, e que a pressa não será uma boa amiga nesse momento.

Procure conectar-se à sua espiritualidade, às raízes ancestrais e à grande sabedoria da energia dos seus antepassados.

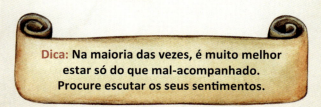

Dica: Na maioria das vezes, é muito melhor estar só do que mal-acompanhado. Procure escutar os seus sentimentos.

A RODA DA FORTUNA

Palavras-chave: Ciclos, mudanças, altos e baixos, destino, oportunidades, contratempos, movimento, instabilidade.

Muitas vezes, a vida pode parecer uma montanha-russa cheia de altos e baixos: em alguns momentos, você pode estar no auge; em outros, pode estar no fundo do poço.

A única certeza que temos do nosso destino é que ele é imprevisível e incerto. Aproveite as oportunidades que ele lhe traz, agarre-as com suas mãos e aproveite o agora.

A carta da Roda da Fortuna fala sobre instabilidade energética, portanto, aceite isto: o futuro é instável. Essa é a maior aceitação que você precisa obter no momento.

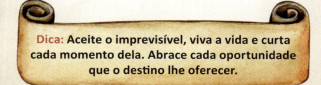

Dica: Aceite o imprevisível, viva a vida e curta cada momento dela. Abrace cada oportunidade que o destino lhe oferecer.

A JUSTIÇA

Palavras-chave: Equilíbrio, questões judiciais, reconciliação, resolução, lógica, frieza, negociação legal.

Na maioria das vezes, a Justiça se mostrará fria e direta. Nesses momentos, procure encontrar o equilíbrio e enxergar aquilo que está à sua frente. Remova a venda dos seus olhos e aceite a situação.

Coloque na balança os prós e contras e avalie se a situação pela qual você está passando realmente vale a pena. Olhe pelos dois lados e evite conectar-se apenas às suas emoções.

A lâmina da Justiça também fala sobre questões judiciais, resoluções de problemas, negociação ou reconciliação. Seja justo no momento e siga seus instintos de forma clara e leve.

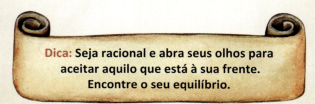

Dica: Seja racional e abra seus olhos para aceitar aquilo que está à sua frente. Encontre o seu equilíbrio.

O PENDURADO

Palavras-chave: Sacrifício, comodismo, estagnação, desapego, limitação, resistência, enxergar por outra perspectiva, atrasos.

Muitas vezes nos colocamos em uma situação cômoda e dificilmente saímos dela. É exatamente isso que O Pendurado traz.

Abra mão daquilo que não serve mais, pois esta carta mostra que quanto mais demoramos para desapegar, mais a situação tende a piorar.

O sacrifício é o "Ofício Sagrado". Saiba o que realmente vale a pena estar ao seu lado, corte laços com as amarras que lhe prendem àquilo que não agrega e liberte-se. Este é o momento de enxergar a situação por fora e deixar de ser apegado.

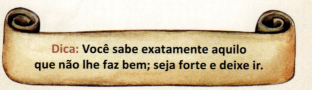

Dica: Você sabe exatamente aquilo que não lhe faz bem; seja forte e deixe ir.

A MORTE

Palavras-chave: Cortes de energia, transformação, mudanças, transições, rompimentos, fim, início, novo começo.

A Morte é temida pelos humanos e pelos gnomos, mas muitas vezes ela é necessária. O encerramento de um ciclo abre espaço para novas energias entrarem.

É chegado o momento de cortar as energias e os laços com aquilo que não lhe serve mais, ou seja, renovar, mudar e iniciar uma nova jornada.

A morte é rápida e necessária. Deixe que ela traga sua energia para que sua transição seja para boas energias. Uma porta se fecha e outras se abrem.

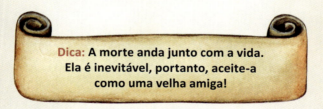

Dica: A morte anda junto com a vida. Ela é inevitável, portanto, aceite-a como uma velha amiga!

A TEMPERANÇA

Palavras-chave: Paz, cura, tranquilidade, moderação, harmonia, equilíbrio, paciência, saúde.

Você já olhou para o céu hoje? Busque conectar-se com a natureza e praticar a atenção plena nas pequenas coisas da vida. Respire.

A Temperança traz um momento de paz e tranquilidade. Trabalhe com a sua magia, deixe ir sentimentos que não lhe servem mais e busque o seu equilíbrio emocional.

Dose melhor os seus sentimentos. Não exagere no momento de temperar sua vida, pois senão você poderá salgar sua comida!

Um momento de cura, paz e tranquilidade vem ao seu encontro. Aproveite a serenidade.

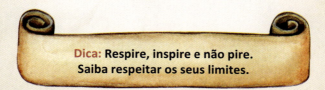

Dica: Respire, inspire e não pire. Saiba respeitar os seus limites.

O DIABO

Palavras-chave: Mentira, falsidade, traição, doenças, dificuldades, armadilhas, inimigo, tentação, desejo, pensamentos negativos.

O Diabo representa o próprio mal no Tarô. Afinal, esse mal está dentro ou fora do nosso ser?

Esta carta vem para lembrar que não existe apenas o bem e o mal, mas que ambos fazem parte do nosso ser. Muitas vezes, nosso maior inimigo somos nós mesmos.

Cuidado com a procrastinação. Valorize-se e abra os olhos para as pessoas que estão ao seu redor. Cuide mais de você e seja gentil com consigo mesmo.

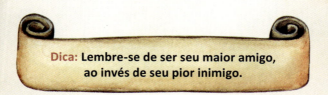

Dica: Lembre-se de ser seu maior amigo, ao invés de seu pior inimigo.

16
A TORRE

A TORRE

Palavras-chave: Rompimento, destruição, mudanças, perda, ruína, traumas, reconstrução, espiritualidade.

A Torre está associada ao caos e à desordem, sendo uma carta muito temida no Tarô por gerar mudanças, rompimentos e destruição. Mas será que toda essa mudança não é mesmo necessária?

Muitas vezes, a verdadeira evolução espiritual está nos movimentos que o destino nos traz. Ao aceitar essas mudanças, você se tornará mais forte para enfrentar seus medos e desafios futuros.

A Torre vem como o inevitável, como a situação que dará uma grande rasteira na sua vida, desmoronando o seu castelo de areia. Nesse momento, cabe a você reconstruir e ser forte.

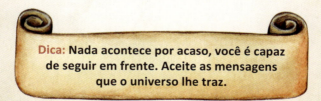

Dica: Nada acontece por acaso, você é capaz de seguir em frente. Aceite as mensagens que o universo lhe traz.

A ESTRELA

Palavras-chave: Esperança, sonho, fé, positividade, espiritualidade, realizações, inspiração.

Ao olhar para o céu ao anoitecer, você irá se deparar com a primeira estrela que surgir. Faça um desejo para ela, para que os seus sonhos se tornem realidade.

Nunca perca a esperança, pois dias melhores estão por vir. Se você está aqui, no presente, não é por acaso.

Existe uma luz no final do túnel, e a carta da Estrela está aqui para lembrá-lo de que um momento de paz e tranquilidade se aproxima. Abra o seu coração para a energia da Estrela e seja abençoado por ela.

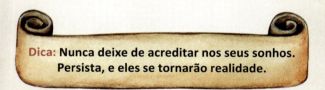

Dica: Nunca deixe de acreditar nos seus sonhos. Persista, e eles se tornarão realidade.

A LUA

Palavras-chave: Ilusões, intuição, mãe, subconsciente, magia, sensibilidade, sentimentos, mistérios, fertilidade.

Ao olhar para a Lua, como ela está? Muitas vezes, esperamos encontrar uma linda lua cheia no céu, mas ela está encoberta pelas nuvens e não conseguimos enxergá-la.

Tome cuidado ao gerar expectativas e não criar ilusões em sua mente. A Lua se conecta diretamente com os seus sentimentos e emoções, deixando toda sua energia à flor da pele.

Assim como influencia as marés, ela também se conecta com o elemento água que existe dentro de você, a energia feminina, materna, o que o deixa sensível e, muitas vezes, instável. A Lua possui fases, aceite cada uma delas.

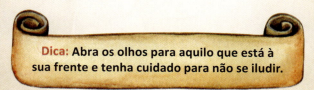

Dica: Abra os olhos para aquilo que está à sua frente e tenha cuidado para não se iludir.

O SOL

Palavras-chave: Sucesso, prosperidade, verdade, fartura, abundância, nascimento, clareza mental, filtro solar, alegrias, realizações, concretizações, energia masculina.

O Sol vem iluminando o seu caminho, trazendo boas energias para você curtir o momento de sucesso e realizações. Aproveite!

Tudo aquilo que antes parecia confuso se torna claro. Seus desejos se tornam realidade e a conquista vem ao seu encontro. Usufrua de cada momento da forma mais alegre possível, pois boas notícias tendem a chegar para você.

Seja otimista, a abundância faz parte de seu caminho. E lembre-se de passar filtro solar. O cuidado com suas energias pessoais é muito importante. Bota a cara no sol e curta a vida!

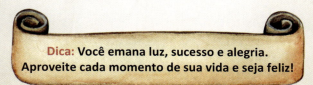

Dica: Você emana luz, sucesso e alegria. Aproveite cada momento de sua vida e seja feliz!

O JULGAMENTO

Palavras-chave: Decisão, resgate, passado, renovação, nova jornada, reflexão, dúvidas, renascimento, oportunidade.

Chegou o momento! E agora, o que fazer?

Avalie toda a sua jornada e pergunte-se: você se dedicou o suficiente? É chegada a hora de tomar uma decisão.

Fantasmas do passado podem aparecer, mas cabe a você deixar isso para trás e seguir em frente. É o momento de colher os frutos de tudo aquilo que você plantou durante todo esse tempo.

Cuidado para não julgar as pessoas de forma errada, principalmente a si mesmo. Desperte-se para o novo e siga em frente.

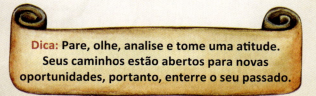

Dica: Pare, olhe, analise e tome uma atitude. Seus caminhos estão abertos para novas oportunidades, portanto, enterre o seu passado.

O MUNDO

Palavras-chave: Sucesso, concretização, alegria, celebração, conquista, vitória, boas energias, conclusão, gratidão.

Você já agradeceu pelo dia de hoje? O Mundo é visto como a carta mais positiva do Tarô, pois nos lembra o quanto as coisas podem dar certo e fluir de forma positiva em nossa vida.

Seus sonhos se concretizarão, pois o mundo está ao seu lado. Observe os sinais que o universo está lhe trazendo e desfrute das boas energias.

Todo trabalho e dedicação gerou muito sucesso e conquistas em seu caminho. O Mundo faz parte do seu ser, portanto, agradeça ao Universo por tudo aquilo que você concretizou!

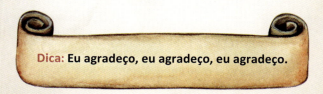

Dica: Eu agradeço, eu agradeço, eu agradeço.

OS ARCANOS MENORES E OS NAIPES

O naipe de Ouros está interligado à energia dos signos de Touro, Virgem e Capricórnio. Está associado à fartura, ao trabalho, à prosperidade e à abundância.

O naipe de Copas está interligado à energia dos signos de Câncer, Escorpião e Peixes. Está associado às emoções, ao amor, ao romance e aos sentimentos.

O naipe de Espadas está interligado à energia dos signos de Gêmeos, Libra e Aquário. Está associado aos pensamentos, à criatividade e ao direcionamento dos nossos pensamentos.

O naipe de Paus está interligado à energia dos signos de Áries, Leão e Sagitário. Está associado ao movimento, à ação, à dedicação e à coragem.

ÁS DE OUROS

Palavras-chave: **Oportunidade, prosperidade, entrada de dinheiro, sucesso, inícios, materialização.**

Você recebeu uma moeda! O que fazer agora? Uma jornada se inicia, repleta de oportunidades, sucesso e prosperidade!

Agora, basta persistir em seus sonhos e colocar seus projetos em prática – principalmente aqueles ligados às áreas de finanças e de trabalho.

Boas oportunidades surgem; aproveite para prosperar cada vez mais. Você acabou de iniciar uma nova jornada com o cristal da sorte!

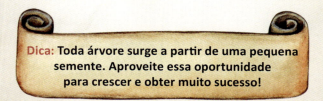

Dica: **Toda árvore surge a partir de uma pequena semente. Aproveite essa oportunidade para crescer e obter muito sucesso!**

DOIS DE OUROS

Palavras-chave: Dualidade, equilíbrio financeiro, parcerias, oportunidades, decisões.

Chegou o momento de buscar o equilíbrio em seu caminho – não apenas nas finanças, mas em você contornar as dificuldades.

Busque harmonia nas relações, faça uma coisa de cada vez e pense bem antes de tomar decisões.

Leve a vida de forma tranquila, esteja perto de quem você realmente gosta e com quem sente uma conexão em seu coração. Invista em si mesmo e deixe que o Universo retorne com boas energias.

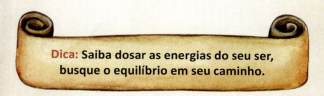

Dica: Saiba dosar as energias do seu ser, busque o equilíbrio em seu caminho.

TRÊS DE OUROS

TRÊS DE OUROS

Palavras-chave: Trabalho em equipe, expansão, crescimento, dedicação, comunicação, colaboração, aprendizagem.

Suas moedas estão valendo muito! Aproveite para investir e prosperar cada vez mais. Muitas vezes, você precisará de mais gnomos auxiliando você.

Busque expandir seu conhecimento e estar perto de quem se preocupa com você. Utilize seus dons a seu favor, pois estão sendo bem-notados!

O trabalho em equipe pode ser necessário no momento; seja compreensivo, empreenda. Chegou o momento de crescer e prosperar. Aproveite a oportunidade que o Universo lhe trouxe.

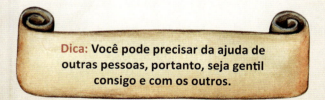

Dica: Você pode precisar da ajuda de outras pessoas, portanto, seja gentil consigo e com os outros.

QUATRO DE OUROS

Palavras-chave: Avareza, egoísmo, ambição, estagnação, medo, orgulho.

Será que você precisa guardar tudo isso só para você? Deixe ir! Você precisa buscar sua estabilidade, mas muitas vezes precisa investir em si mesmo.

Não guarde energia sem necessidade, acredite mais no seu potencial e desapegue. Não se agarre a questões materiais. Para que a prosperidade possa fluir em seu caminho, é necessário que você invista.

Para novas energias entrarem, você precisa liberar as antigas.

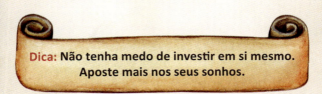

Dica: Não tenha medo de investir em si mesmo. Aposte mais nos seus sonhos.

CINCO DE OUROS

CINCO DE OUROS

Palavras-chave: Dificuldades, escassez, fragilidade, complicações, problemas financeiros.

Esta carta pode indicar que talvez você esteja passando por dificuldades financeiras no momento. O que fazer?

Isso é passageiro. Procure reconectar-se com a sua força pessoal e transforme a situação atual. Dificuldades podem aparecer, assim como obstáculos, mas é a forma como você contorna a situação que faz de você uma pessoa vitoriosa.

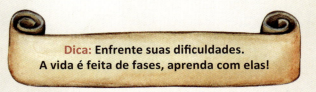

Dica: Enfrente suas dificuldades. A vida é feita de fases, aprenda com elas!

SEIS DE OUROS

SEIS DE OUROS

Palavras-chave: Doação, generosidade, bondade, contribuição, igualdade, prosperidade.

Você tem o dom de auxiliar o próximo, mas lembre-se de que também é muito importante ajudar a si mesmo!

Seja generoso. Tudo aquilo que você oferece ao Universo retornará para a sua vida, mesmo que a situação pela qual você está passando não seja das melhores.

Contribua. Doe. Seja a pessoa que você deseja que os outros sejam. Sua contribuição aos outros está sendo observada por todo Universo.

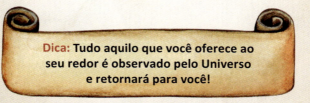

Dica: Tudo aquilo que você oferece ao seu redor é observado pelo Universo e retornará para você!

SETE DE OUROS

Palavras-chave: Paciência, aguardar, plantio, fertilidade, cultivação, reflexão, prosperidade.

Todo seu trabalho e esforço sempre valeram a pena. Agora, o momento é de aguardar, pois sua semente foi plantada e está sendo germinada.

Espere e avalie toda a sua dedicação ao longo do tempo. Respire e dê uma pausa antes de seguir em frente. Em breve, tudo aquilo em que você se dedicou por muito tempo retornará para você com energias muito boas.

Procure perceber os obstáculos que estão à sua frente, reveja suas atitudes e tenha paciência. Em breve, a prosperidade baterá na sua porta.

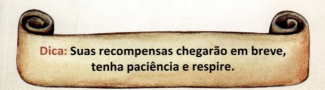

Dica: Suas recompensas chegarão em breve, tenha paciência e respire.

OITO DE OUROS

Palavras-chave: Trabalho, dedicação, esforço, foco, persistência, comprometimento, crescimento, ambição.

Os caminhos da prosperidade estão se abrindo para você, por conta de toda sua dedicação e esforço. Aproveite o momento para se dedicar cada vez mais. O caminho pode parecer longo e exaustivo, mas em breve você será recompensado.

Oportunidades novas chegam ao seu encontro, você está sendo notado! Continue se dedicando e se esforçando cada vez mais, pois sua lapidação fará de você uma pessoa de grande valor.

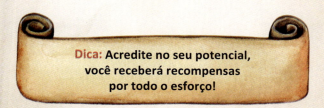

Dica: Acredite no seu potencial, você receberá recompensas por todo o esforço!

NOVE DE OUROS

Palavras-chave: Conquista, fortuna, prosperidade, realizações, estabilidade, abundância, independência, autoconfiança.

O caminho em que você está irá levá-lo à recompensa e ao êxito. Todos os seus obstáculos foram ultrapassados e você garantiu seu sucesso e suas realizações.

Os bons frutos aparecerão para você. Usufrua de todo o seu trabalho árduo, pois essa recompensa é merecida!

Seja confiante, acredite no seu potencial. Você se tornará independente e obterá grandes realizações. Você é um vencedor.

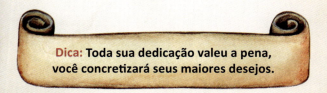

Dica: Toda sua dedicação valeu a pena, você concretizará seus maiores desejos.

DEZ DE OUROS

Palavras-chave: Sucesso, família, sociedade, segurança, prosperidade, realizações.

Seu cristal gerou muitos frutos e uma grande empatia e concretização em todos que estão ao seu redor!

Aproveite o momento para estar junto de quem você ama e realizar todos os seus desejos junto a sua família. Seus dons e suas aptidões são notados e admirados por todos ao seu redor.

Você concretizou grandes sonhos e é merecedor de todas as suas conquistas. Usufrua dos bons momentos junto de quem você ama e seja feliz!

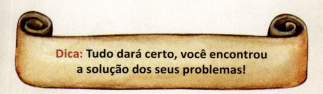

Dica: Tudo dará certo, você encontrou a solução dos seus problemas!

VALETE DE OUROS

Palavras-chave: Lealdade, ambição, dedicação, estudos, fidelidade, honestidade, oportunidades.

O Valete se conecta com as forças da terra. É hora de focar em seus objetivos e desejos. Trabalhe de forma justa, honesta e leal.

Confie mais no seu potencial, acredite no seu poder, aprenda com seus erros! Cresça e seja responsável com suas atitudes. Está na hora de focar naquilo que você realmente quer e se dedicar.

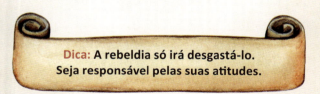

Dica: A rebeldia só irá desgastá-lo. Seja responsável pelas suas atitudes.

CAVALEIRO DE OUROS

CAVALEIRO DE OUROS

Palavras-chave: Dedicação, boas notícias, prosperidade, busca, direcionamento, fartura, realizações.

Abram alas para o Cavaleiro trazendo boas novas! Seu comprometimento tem levado você a boas energias. Todos os seus esforços e sua rotina resultam em sucesso.

É hora de tirar a preguiça das costas e movimentar-se, mesmo que devagar. Permita-se ser levado a uma rotina de boas energias e muita dedicação.

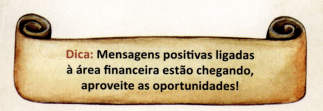

Dica: Mensagens positivas ligadas à área financeira estão chegando, aproveite as oportunidades!

RAINHA DE OUROS

Palavras-chave: Fartura, generosidade, bondade, gentileza, doação, boa mãe, fertilidade, Mãe Terra.

A Rainha de Ouros é a conexão do poder feminino com a grande Mãe Terra: a prosperidade, a fartura e a abundância. Sua generosidade alimenta seus filhos e filhas com muita luz e saúde.

Uma mensagem muito positiva de abundância chega em sua direção. Esta carta representa riqueza, *status* e poder.

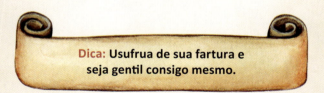

Dica: Usufrua de sua fartura e seja gentil consigo mesmo.

REI DE OUROS

Palavras-chave: Conservadorismo, teimosia, lealdade, ganância, equilíbrio, perseverança, investimentos.

O Rei de Ouros conecta-se com a energia masculina da terra – ou seja, com os aspectos do conservadorismo –, o que pode levar você a agir com teimosia ou de cabeça fechada.

Busque o equilíbrio em seu caminho e seja mais perseverante em suas atitudes. O sucesso está chegando até você, pois esta carta pode indicar uma promoção em seu trabalho ou dinheiro entrando.

Sua sabedoria e sua mente guiarão você para as suas concretizações. Invista no seu potencial e acredite nele.

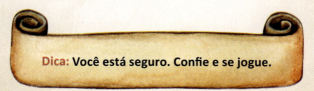

Dica: Você está seguro. Confie e se jogue.

ÁS DE COPAS

Palavras-chave: Novidades, inícios, amor-próprio, jornada, novas relações, autovalorização.

Para quem você deseja oferecer este cálice? O Ás de Copas representa todo seu amor e carinho – o início de uma nova jornada.

Como você pode amar o próximo sem amar a si mesmo em primeiro lugar? Coloque-se em evidência! Pense mais nos seus próprios interesses, valorize-se e lembre-se de que você é a pessoa mais importante no mundo.

Esta carta pode representar também o início de uma boa relação. Abra o seu coração e inicie esta jornada. Boas energias estão chegando para você.

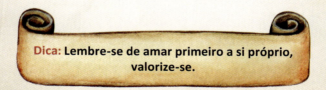

Dica: Lembre-se de amar primeiro a si próprio, valorize-se.

DOIS DE COPAS

Palavras-chave: Relacionamento, amor, gentileza, carinho, equilíbrio, dualidade, parceria, união, casamento, encontros.

Um momento de amor e união vem ao seu encontro. Aproveite para desfrutar de boas energias!

Bons relacionamentos, amizades, parcerias ou até mesmo um matrimônio chega até você. Caso esteja procurando um novo amor, esta carta representa que ele irá chegar.

Energias de paz, tranquilidade e harmonia batem à porta. Abra o seu coração para aproveitar o momento e curta muito!

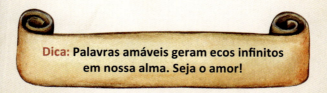

Dica: Palavras amáveis geram ecos infinitos em nossa alma. Seja o amor!

TRÊS DE COPAS

Palavras-chave: Celebração, festa, conquista, colaborações, amizade, criatividade, encontros.

Chegou o momento de festejar! A alegria está no seu caminho. Aproveite para estar junto de quem ama, pois um momento de celebração se aproxima.

Uma festa, uma comemoração ou um grande encontro surgem como oportunidades de parcerias, crescimento e expansão pessoal. Aproveite para celebrar a vida.

Saia um pouco de casa, marque um encontro e curta um pouco mais. Esteja próximo de seus amigos e aproveite cada momento.

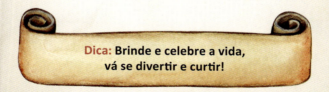

Dica: Brinde e celebre a vida, vá se divertir e curtir!

QUATRO DE COPAS

Palavras-chave: **Tédio, insatisfação, reclusão, coração fechado, desânimo, introspecção.**

Você pode fechar o seu coração e ficar recluso no momento, mas lembre-se de que isso é apenas uma fase. Procure encontrar sua sabedoria interior e supere o momento atual.

Ficar parado esperando as coisas mudarem pode não ajudar você a abrir o seu coração para as novidades. Expresse aquilo que sente para quem você confia.

Lembre-se de que é importante interagir com o próximo e principalmente consigo mesmo. Não carregue esse peso em seu coração, dê oportunidades para quem está ao seu lado. Existem pessoas próximas que amam você.

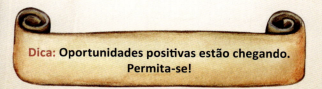

Dica: **Oportunidades positivas estão chegando. Permita-se!**

CINCO DE COPAS

Palavras-chave: Arrependimento, perda, pessimismo, desapontamento, tristeza, passado.

É hora de parar de chorar pelo leite derramado. Olhe para as oportunidades que o presente está lhe oferecendo e deixe o passado para trás.

Esta carta fala sobre aceitação. Liberte-se daquilo que te prende e olhe para um novo horizonte. Abra seu coração e peça ajuda, seja você a sua própria força e abandone os sentimentos que não lhe servem mais.

Mesmo que você tenha passado por situações de dificuldade e abandono, as tristezas precisam ser superadas. Olhe para frente e deixe esses sentimentos de lado.

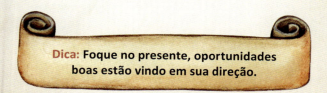

Dica: Foque no presente, oportunidades boas estão vindo em sua direção.

SEIS DE COPAS

Palavras-chave: Infância, inocência, diversão, passado, crianças, bondade, nostalgia, reencontro, memórias.

Uma conexão muito forte com o passado e com memórias nostálgicas vão até você. Esta carta pode revelar um reencontro com sentimentos ou pessoas do passado. Procure compreender essa conexão nostálgica, mas não se prenda a ela.

Cuidado com a sua inocência, não deixe que os outros abusem da sua boa vontade. Um sentimento de gratidão surgirá. Curta o momento, pois energias puras estão por vir.

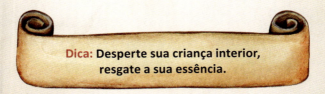

Dica: Desperte sua criança interior, resgate a sua essência.

SETE DE COPAS

Palavras-chave: Dúvidas, confusão, sonhos, ilusões, escolhas, ideias, decisões.

Sua mente pode parecer conturbada e confusa no momento, diante de muitas opções ou escolhas, e uma grande nuvem de dúvidas paira no ar.

Procure clarear seus pensamentos. Mensagens vindas através de sonhos podem chegar até você, portanto, escute mais a sua intuição.

Em breve, essa nuvem de dúvidas passará e um lindo arco-íris surgirá com boas energias. Afinal, será que existe apenas uma escolha a ser tomada?

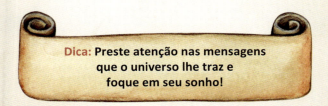

Dica: Preste atenção nas mensagens que o universo lhe traz e foque em seu sonho!

OITO DE COPAS

Palavras-chave: Abandono, escapismo, seguir em frente, desapontamento, insatisfação, incompletude.

Qual é a parte que falta em você? Esta carta pode gerar insatisfação, levando-o a um lugar onde sua busca se torna infinita e algo sempre parece faltar. Mas será que realmente falta algo em seu ser?

Chegou o momento de abandonar aquilo que não lhe serve, seguir em frente e olhar por novas perspectivas. Tome atitudes e caminhe para uma nova estrada.

Livre-se dos fantasmas do passado e dê oportunidade para o que há de novo, pois uma jornada será iniciada.

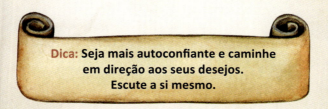

Dica: Seja mais autoconfiante e caminhe em direção aos seus desejos. Escute a si mesmo.

NOVE DE COPAS

Palavras-chave: Desejos realizados, plenitude, satisfação, sucesso, gratidão, contentamento.

Esta lâmina traz a você a realização dos seus desejos. O momento é de agradecer por tudo aquilo que você conquistou.

Um período de satisfação e plenitude vem ao seu encontro. Aproveite cada instante, pois tudo aquilo que você buscava virá com boas energias, bons relacionamentos, sucesso em sua carreira e seus talentos sendo notados. Desfrute de cada momento, pois uma onda de realizações se aproxima.

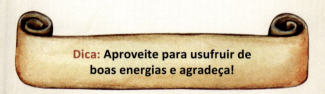

Dica: Aproveite para usufruir de boas energias e agradeça!

DEZ DE COPAS

DEZ DE COPAS

Palavras-chave: Concretização, realização, família, casamento, alegria, final feliz, harmonia, conquistas.

E viveram felizes para sempre!

Esta carta traz um lindo final em seu conto de fadas, junto com conquistas e realizações pessoais, podendo estar relacionada ao âmbito familiar ou até indicar que há um casamento chegando!

Aproveite as energias positivas que o Universo está lhe fornecendo, pois um momento de muita felicidade e boa sorte se aproxima de você. Seja feliz.

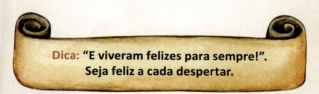

Dica: "E viveram felizes para sempre!". Seja feliz a cada despertar.

VALETE DE COPAS

Palavras-chave: Curiosidade, oportunidades, novas ideias, possibilidades, intuição, romance, sensibilidade.

Desperte sua criança interior e conecte-se com a sua essência. Um momento de grande carência pode estar ao seu redor, portanto, pense bem antes de tomar decisões precipitadas.

Seu coração está aberto para novidades, para criar e inovar. Busque novas ideias e concretize projetos que foram deixados de lado.

O momento exige maturidade emocional. Não seja inseguro e instável emocionalmente, busque equilíbrio.

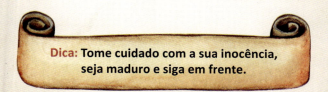

Dica: Tome cuidado com a sua inocência, seja maduro e siga em frente.

CAVALEIRO DE COPAS

Palavras-chave: Romance, propostas, sedução, criatividade, galã, encontros.

Abram alas para o Cavaleiro de Copas! Esta carta significa que notícias boas em relação ao amor e aos sentimentos estão chegando.

Tome cuidado para não se encantar pelo "príncipe encantado". Muitas vezes, aquilo que parece não é.

Sentimentos estão à flor da pele, as energias de amor chegam até você com oportunidades de novos romances e muita sedução. Seja criativo, mas mantenha um pé atrás para não mergulhar de cabeça nesse sentimento.

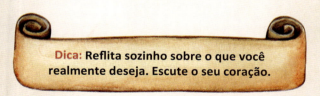

Dica: Reflita sozinho sobre o que você realmente deseja. Escute o seu coração.

RAINHA DE COPAS

Palavras-chave: Compaixão, nutrição, empatia, gentileza, amor, intuição, sensibilidade.

A grande rainha das águas tem o seu coração aberto para ajudar o próximo. Esta carta indica que a sua delicadeza e sensibilidade estão à flor da pele.

Ela também representa uma energia conselheira que está disposta a ajudar você. Será que existe alguém melhor que você mesmo para isso?

Um momento tranquilo vem ao seu encontro – um momento de compreensão, calma e harmonia. Uma energia amiga pode surgir, gerando apoio ao seu caminho.

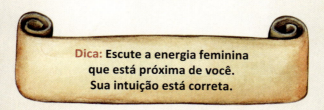

Dica: Escute a energia feminina que está próxima de você. Sua intuição está correta.

REI DE COPAS

Palavras-chave: Diplomacia, calma, controle das emoções, sabedoria, romantismo, conselheiro.

O Rei de Copas surge como um grande conselheiro amoroso – afinal, está na hora de compreender o que se passa dentro do seu coração!

Um sentimento de afeto e generosidade aparece, e a harmonia chega ao encontro da sua relação com um bom amigo, marido ou parceiro. Aproveite para usufruir da sabedoria adquirida ao longo do tempo.

Discussões e desavenças desaparecem, pois é um momento de autocontrole emocional. É hora de respirar fundo e agir com maturidade.

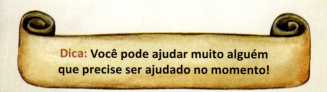

Dica: Você pode ajudar muito alguém que precise ser ajudado no momento!

ÁS DE ESPADAS

Palavras-chave: Oportunidade, clareza mental, novas ideias, poder pessoal, rompimentos, decisões.

A espada está em suas mãos, cabe a você decidir aquilo que serve ou não serve em seu caminho. A partir de agora, sua mente se torna mais clara e objetiva.

Procure tomar decisões com delicadeza. A sabedoria em usar sua espada é entender exatamente quando ela deve ser usada.

Esta carta traz consigo a concretização de projetos que estavam parados em sua mente por falta de iniciativa, além de rompimentos, cortes de energias indesejáveis e aberturas para novos caminhos.

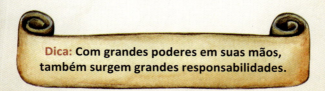

Dica: Com grandes poderes em suas mãos, também surgem grandes responsabilidades.

DOIS DE ESPADAS

Palavras-chave: Indecisão, falta de aceitação, bloqueio, confusão, impasse.

Abra os olhos para aquilo que está na sua frente. Chegou o momento de trabalhar com a aceitação e a clareza mental.

Pode ser que você esteja passando por um período em que se sente amarrado a algum impasse. Liberte-se daquilo que te prende.

Não permita que esses sentimentos cresçam. Veja o que está diante de você e procure compreender o que o Universo está lhe trazendo.

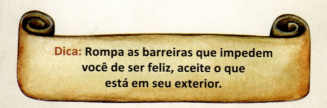

Dica: Rompa as barreiras que impedem você de ser feliz, aceite o que está em seu exterior.

TRÊS DE ESPADAS

Palavras-chave: Decepção, coração partido, desapontamento, tristeza, dor, mágoas, divórcio, separação, perdão.

Um coração partido dói muito, principalmente quando criou-se uma grande expectativa em torno de algo.

As energias do momento chegam até você como um aprendizado. É normal ficar triste às vezes, e nem sempre as coisas sairão conforme o planejado.

Respire fundo, seja forte para passar por essa fase e lembre-se de cuidar do seu coração, pois ninguém é mais importante no mundo do que você.

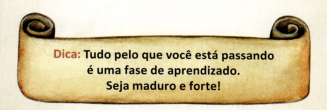

Dica: Tudo pelo que você está passando é uma fase de aprendizado. Seja maduro e forte!

QUATRO DE ESPADAS

Palavras-chave: Paciência, descanso, relaxamento, recuperação, contemplação, espera, exaustão, serenidade, paz.

É hora de tirar um cochilo e relaxar um pouco. Desacelere um pouco e seja mais paciente.

O momento é de respirar, pensar e se recuperar. Caso tenha passado por transtornos ou situações difíceis, use este tempo para trazer um pouco de paz para o seu interior.

Não deixe que sentimentos negativos criem raízes em seu ser. Procure resguardar-se para as novas energias que estão por vir!

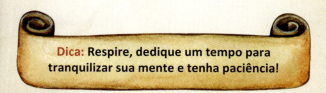

Dica: Respire, dedique um tempo para tranquilizar sua mente e tenha paciência!

CINCO DE ESPADAS

CINCO DE ESPADAS

Palavras-chave: Conflitos internos, discussões, ressentimentos, orgulho, competição, derrota, traição.

A grande briga pela qual você está passando neste momento é com o seu maior inimigo: você mesmo. Abaixe a bola, desça da tampinha da garrafa e seja mais humilde.

Desavenças, conflitos e discussões não levarão você a lugar algum! Esta carta representa momentos de dificuldade e conturbados. Por isso, é importante se perguntar: será que tudo isso realmente vale a pena?

Irritações e conflitos surgem, mas em vez de criar mais brigas, procure agir com calma e sabedoria. Gere harmonia em seu caminho e seja menos orgulhoso – sua maior batalha é interna.

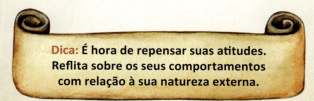

Dica: É hora de repensar suas atitudes. Reflita sobre os seus comportamentos com relação à sua natureza externa.

SEIS DE ESPADAS

SEIS DE ESPADAS

Palavras-chave: **Despedida, transição, passagem, movimento, viagem, aceitação, fuga, novo caminho.**

Persistir e insistir no erro não é o correto a se fazer. Transições e movimentos são necessários para evitar que isso aconteça.

Procure se direcionar para uma nova jornada. Essa passagem está sendo feita para que você possa ir para um caminho melhor. Aceite-a.

Uma situação de conflito chegou ao fim. Resguarde o seu ser e siga em frente. Valorize-se e deixe que o Universo traga novas oportunidades para você.

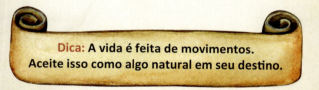

Dica: **A vida é feita de movimentos. Aceite isso como algo natural em seu destino.**

SETE DE ESPADAS

Palavras-chave: Traição, mentira, falsidade, decepção, segredos, discórdia, trapaças.

Quando esta carta sair, procure perceber por quem você está sendo enganado. Ela pode indicar que há pessoas tentando tirar proveito de você ou contando-lhe mentiras.

A energia da discórdia e da desavença surge para que você abra os olhos e não se deixe enganar. Segredos serão revelados, máscaras cairão e a decepção pode surgir.

O nome disso? Livramento! Aproveite essa fase para saber quem realmente deve estar ao seu lado. Se é você quem está trapaceando, tome cuidado, pois a queda se aproxima.

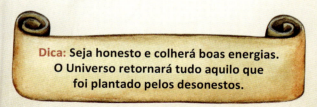

Dica: Seja honesto e colherá boas energias. O Universo retornará tudo aquilo que foi plantado pelos desonestos.

OITO DE ESPADAS

Palavras-chave: Prisão, estagnação, vitimismo, restrição, abuso, vergonha, impotência.

O mundo pode estar sendo cruel com você, mas não se torne vítima dessa situação. Dificuldades e problemas podem te prender em situações conflitantes, mas você precisa ser forte e libertar-se dessas amarras.

Não carregue essa prisão dentro de si, ela pode se tornar uma energia sufocante e estressante. Sacrifícios devem ser feitos para que você saia dessa situação.

Abra os olhos para o que há de novo. Há uma luz de esperança, não a perca. Embora a fase seja difícil, esta carta mostra que você é capaz de superá-la.

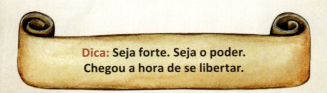

Dica: Seja forte. Seja o poder. Chegou a hora de se libertar.

NOVE DE ESPADAS

Palavras-chave: **Emoções bloqueadas, decepções, tristeza, mágoas, angústia, culpa, pesadelos, medo.**

Cada momento da vida nos traz um aprendizado. O que você pode tirar de lição das dificuldades que está enfrentando neste momento? Seja forte!

Lembre-se de que a vida é feita de fases, e esse momento difícil pelo qual você está passando tem o propósito de lhe ensinar algo. Sentimentos de culpa e angústia podem fazer parte do seu ser, mas a culpa não é um sentimento que fará de você uma pessoa melhor.

Seja forte, supere as dificuldades e foque naquilo que realmente é o seu sonho. Não permita que seus sentimentos abalem você e te deixem para baixo. Você precisa se reerguer e encontrar a sua felicidade!

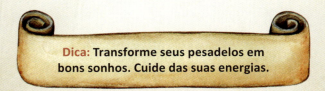

Dica: Transforme seus pesadelos em bons sonhos. Cuide das suas energias.

DEZ DE ESPADAS

Palavras-chave: Término, finalização, rompimento, perda, crise, traição, colapso, ruína.

Chegou a hora de encerrar a batalha. A luta foi longa, difícil, e o término pode não ser dos melhores, mas é importante perceber que você conseguiu sobreviver.

Procure se recuperar para uma nova jornada e trazer desse momento um aprendizado. A vida é feita de diversas batalhas, e infelizmente não é sempre que vencemos!

É o fim de um período de dificuldades e desavenças. Mais um livramento! Aproveite para fechar um ciclo, pois em breve novas oportunidades vão surgir.

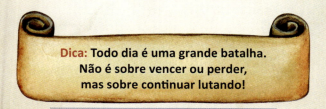

Dica: Todo dia é uma grande batalha. Não é sobre vencer ou perder, mas sobre continuar lutando!

VALETE DE ESPADAS

Palavras-chave: Fofoca, espião, vigilância, esperteza, ideias, curiosidade, inquietação, comunicação.

Esta carta pode indicar uma pessoa falsa ou fofoqueira que esteja próxima. Tente abrir os olhos e tomar cuidado com as pessoas ao seu lado. Pode ser alguém imaturo e que usa suas palavras contra você.

O Valete de Espadas pode gerar momentos de dúvidas e conflitos mentais. É preciso ficar atento e buscar amadurecimento. Procure se conectar com a sua sabedoria e tente resolver os problemas da melhor forma possível.

É hora de agir com a razão, e não com a emoção. Enfrente os obstáculos de forma sagaz e rápida.

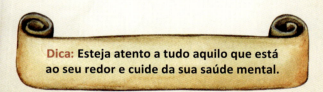

Dica: Esteja atento a tudo aquilo que está ao seu redor e cuide da sua saúde mental.

CAVALEIRO DE ESPADAS

Palavras-chave: Ambição, atitude, pensamento rápido, impulsividade, coragem, movimento.

Abram alas para o Cavaleiro de Espadas! Ele chega trazendo boas novas para você, um momento de movimento, clareza mental, atitude e rapidez.

As coisas podem estar levemente estagnadas, mas com esta carta as energias voltarão a se movimentar.

Seja ousado, acredite no seu potencial. Sua motivação está à flor da pele! Pessoas podem surgir em seu caminho trazendo boas novas de forma muito rápida, portanto, aja com cautela e não seja impulsivo.

Esta carta também pode indicar falsidade ou que uma pessoa está querendo lhe enganar.

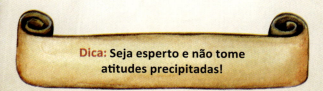

Dica: Seja esperto e não tome atitudes precipitadas!

RAINHA DE ESPADAS

Palavras-chave: Sinceridade, cabeça aberta, inteligência, malícia, rancor, pessimismo.

A Rainha de Espadas pode ter um coração frio e calculista, não se mostrando gentil e carinhosa na maioria das vezes, mas podendo demonstrar seu amor de outras formas.

Expresse melhor os seus sentimentos, tente externalizar o que está dentro do seu coração. Não seja pessimista, mas sincero consigo mesmo, e explore o seu potencial.

Não tome decisões de cabeça quente e não seja impetuoso. Seja menos autocrítico e pegue mais leve com você e com os outros.

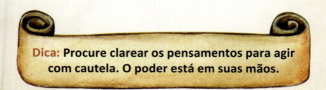

Dica: Procure clarear os pensamentos para agir com cautela. O poder está em suas mãos.

REI DE ESPADAS

REI DE ESPADAS

Palavras-chave: **Clareza mental, poder intelectual, autoridade, verdade, autoridade, razão.**

Neste momento, seja inteligente e racional. O Rei de Espadas pode representar que há uma pessoa muito sagaz ao seu lado querendo lhe oferecer ajuda.

A racionalidade rege a energia do momento. Procure não se afastar totalmente das energias do seu coração sendo muito frio e calculista.

Uma conexão muito rigorosa e rígida pode surgir. Compreenda a situação e seja simpático com quem está ao seu lado, quebrando o gelo e conectando-se ao coração dessa pessoa.

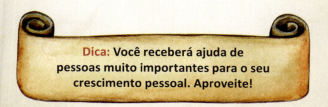

Dica: Você receberá ajuda de pessoas muito importantes para o seu crescimento pessoal. Aproveite!

ÁS DE PAUS

Palavras-chave: Criação, transformação, poder, início, potencial, atitude, ação, novas jornadas.

Muitos projetos estão em sua mente e chegou a hora de colocá-los em prática! Aproveite o momento para se posicionar e expor os seus pensamentos. Tome uma atitude!

Oportunidades surgem. O poder está em suas mãos – utilize o poder da sua varinha para transformar aquilo que está à sua frente.

A energia do fogo gera ânimo, entusiasmo e alegria. Lembre-se de que a jornada está só começando, motive-se e acredite no seu potencial!

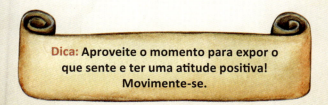

Dica: Aproveite o momento para expor o que sente e ter uma atitude positiva! Movimente-se.

DOIS DE PAUS

Palavras-chave: **Progresso, decisões, poder, descobertas, opções, reflexão, viagens, oportunidades, desbravar, planejamento.**

O mundo está em suas mãos. Tome uma atitude e planeje tudo aquilo que sonhar. Aproveite o momento para refletir sobre o que realmente deseja e direcionar-se aos seus objetivos.

Foque no que deseja e comece a sua jornada. Pode ser o momento de decidir-se entre duas opções, portanto, mantenha seus olhos naquilo que movimenta o seu coração e aquece a sua alma.

Novas oportunidades podem surgir, incluindo viagens! Aproveite para se jogar em novas energias e acreditar mais na sua força.

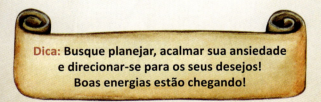

Dica: **Busque planejar, acalmar sua ansiedade e direcionar-se para os seus desejos! Boas energias estão chegando!**

TRÊS DE PAUS

Palavras-chave: Movimento, confiança, avanço, oportunidades, mudanças, viagens, crescimento rápido, progresso, expansão.

Seus sonhos estão cada vez mais próximos. Continue se direcionando para os seus desejos e aproveitando as oportunidades que o Universo lhe traz.

Movimento e expansão surgem em seu caminho, gerando novas energias e autoconfiança.

O progresso pode levar você a viajar para lugares distantes, e há oportunidades positivas de boas mudanças!

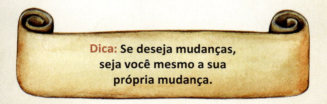

Dica: Se deseja mudanças, seja você mesmo a sua própria mudança.

QUATRO DE PAUS

Palavras-chave: Celebração, segurança, estabilidade, harmonia, alegria, casa, prosperidade.

O momento é de boas energias e alegria. Aproveite para estar junto de quem você gosta e retornar às suas origens. Esta carta pode demonstrar o retorno ao lar ou a segurança em sua casa.

Boas oportunidades e alegres surpresas surgirão em seu caminho! Todos os conflitos vão passar e darão lugar a um momento de estabilidade.

Esta carta também pode estar associada à energia da sua própria casa, por isso, cuide dela.

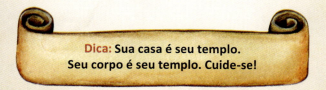

Dica: Sua casa é seu templo. Seu corpo é seu templo. Cuide-se!

CINCO DE PAUS

Palavras-chave: Desafios, obstáculos, desavenças, conflitos, brigas, resistência, competição, rivalidade.

Um período de conflitos surge a sua frente, o que deve ser feito? Pare de forçar aquilo que não está dando certo e aja com mais sabedoria.

Você pode estar se direcionando para o caminho errado. É preciso refletir e repensar suas atitudes para, então, seguir um novo rumo. Parece que você está sendo muito resistente a mudanças e, por isso, continua persistindo no erro.

Tome cuidado com traições de pessoas próximas. Evite passar por conflitos e busque harmonia nesse momento. Não se apegue a um problema!

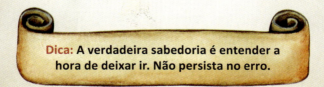

Dica: A verdadeira sabedoria é entender a hora de deixar ir. Não persista no erro.

SEIS DE PAUS

Palavras-chave: Reconhecimento, vitória, orgulho, autoconfiança, sucesso, progresso.

O Seis de Paus representa um momento de vitória em seu caminho. Seu reconhecimento, sucesso e boas realizações serão notados por todos!

Esta carta pode representar promoções, conquistas ou sucesso na área financeira, pessoal ou amorosa. Desejos se realizarão e boas energias chegarão até você.

Deixe o orgulho de lado, sua vitória foi merecida. Aproveite o momento atual para aproveitar os frutos que você está colhendo e arrasar!

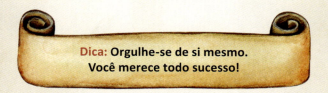

Dica: Orgulhe-se de si mesmo. Você merece todo sucesso!

SETE DE PAUS

Palavras-chave: Perseverança, combate, conflitos, coragem, desafios, defender-se.

Não desista, permaneça forte e resista. Obstáculos e desavenças surgirão para te desestabilizar, mas é preciso que você se defenda e resgate a sua força interior.

Esquive-se de pessoas que queiram derrubar você. Lembre-se do seu potencial e continue lutando. Você passará por um período de conflitos internos ou externos, portanto, busque o seu poder interior e enfrente as dificuldades.

Mantenha-se fiel à sua essência. Você será testado, e essa será uma excelente oportunidade para mostrar o quanto você é correto e íntegro.

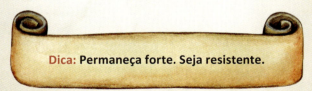

Dica: Permaneça forte. Seja resistente.

OITO DE PAUS

Palavras-chave: Rapidez, oportunidades, mensagens, mídias sociais, chances, ação.

O mundo age de forma muito rápida e novas oportunidades estão sempre aparecendo à sua frente, cabe você agarrá-las e aproveitar.

Esta carta gera rapidez, movimento e chances para usufruir, podendo se tratar de algo passageiro e fugaz. Cabe a você receber os convites do Universo e desejar essas mudanças.

As energias podem mudar de uma hora para outra. Haverá momentos de boa sorte ou de obstáculos. Convites inesperados surgem. Aproveite!

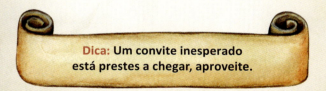

Dica: Um convite inesperado está prestes a chegar, aproveite.

NOVE DE PAUS

Palavras-chave: Superação, coragem, força, persistência, paranoia, cansaço.

Situações constrangedoras ou difíceis podem ter passado pelo seu caminho. Esta carta é um aviso para você persistir e não deixar que o passado te abale.

É normal ficar com o pé atrás após alguma frustração, mas não se deixe abater. Recupere seus poderes e sua força para as boas energias que virão.

Abra o coração para o novo, aja com paciência e cautela, e enfrente seus medos. Aja na defensiva, e sua perseverança lhe trará boas recompensas.

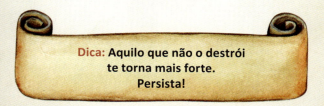

Dica: Aquilo que não o destrói te torna mais forte. Persista!

DEZ DE PAUS

DEZ DE PAUS

Palavras-chave: Fardo, peso, responsabilidades extras, trabalho árduo, cansaço, esgotamento, exaustão.

Será que você precisa levar todo esse peso nas costas? Procure direcionar as energias para suas origens! Deixe que cada um resolva seus próprios problemas e dificuldades para você não se esgotar.

Muito trabalho, muitos pensamentos, muito estresse! É hora de deixar esse peso psicológico de lado e buscar o equilíbrio necessário em seu caminho.

Você não precisa resolver tudo sozinho. Busque ajuda. Abra o coração. Não faça tudo pelos outros; faça por você e deixe que os outros corram atrás também.

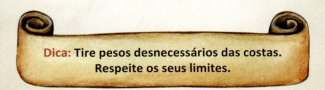

Dica: Tire pesos desnecessários das costas. Respeite os seus limites.

VALETE DE PAUS

Palavras-chave: Espírito livre, entusiasmo, exploração, descobertas, visionário, aventura, criatividade, inspiração.

A energia desta carta traz entusiasmo e motivação para novas ideias e novos pensamentos. Projetos que estão saindo do forno serão colocados em prática.

Esta carta representa a chegada de uma mensagem inesperada mas, positiva! Olhe de forma visionária para o que está à sua frente, liberte-se do passado e permita-se ser livre para o novo.

Um amigo próximo ou alguém do seu círculo social pode trazer boas notícias para você. Aproveite para se aventurar e curtir o momento.

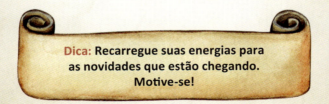

Dica: Recarregue suas energias para as novidades que estão chegando. Motive-se!

CAVALEIRO DE PAUS

Palavras-chave: Energia, entusiasmo, paixão, desejo, vontade, aventura, inspiração, impulsividade.

Abram alas para o Cavaleiro de Paus! A energia do movimento, do fogo e da ação chega com entusiasmo e força ao seu caminho.

Esta carta pode representar boas notícias chegando. Sabe aquilo que você estava esperando há um bom tempo? Chegou a hora do movimento!

Alguma amizade ou parceria nova pode surgir, alguém gerando motivação e poder pessoal! Com energias renovadas e impulsividade, você está pronto para tomar as rédeas da sua vida para um novo amanhã.

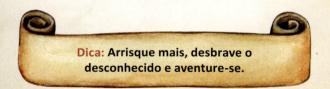

Dica: Arrisque mais, desbrave o desconhecido e aventure-se.

RAINHA DE PAUS

Palavras-chave: Exuberância, paixão, poder pessoal, determinação, cordialidade, coragem, alegria, independência.

Esta carta representa o poder da mulher do elemento Fogo: extrovertida, poderosa e portadora de uma luz reluzente. É momento de confiar mais no seu potencial, acreditar mais em si mesmo e agir de forma independente.

Arrisque mais, apaixone-se mais e viva! Gaste suas energias com o que realmente vale a pena. O poder está em suas mãos para transformar o que está à sua frente. Acredite mais em si mesmo para realizar seus sonhos.

Esta carta gera um momento de motivação, otimismo e alegrias. Também pode representar uma pessoa próxima motivando você. Chegou a hora de sorrir para o que há de novo!

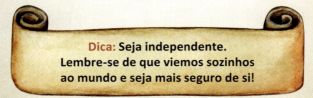

Dica: Seja independente. Lembre-se de que viemos sozinhos ao mundo e seja mais seguro de si!

REI DE PAUS

Palavras-chave: Liderança, honra, empreendedorismo, impulsividade, lealdade, ousadia, tirania.

Esta carta, ao surgir em uma tiragem, representa grande determinação e poder pessoal. Cuidado com a sua arrogância e tirania, seja leal a quem você é.

O poder está em suas mãos, cabe apenas a você seguir seu coração para tomar as decisões necessárias! Tenha coragem para resolver suas dificuldades e alcançar o sucesso.

A carta também pode representar um pai ou uma figura masculina, como um líder, que pode te impulsionar ao sucesso e movimentar o seu caminho.

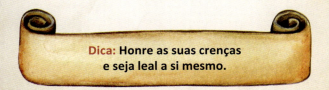

Dica: Honre as suas crenças e seja leal a si mesmo.

Anexos

OS CRISTAIS E OS ARCANOS MAIORES

Abaixo segue uma lista de pedras mágicas que os gnomos protegem. Utilize em suas práticas mágicas para concretizar seus desejos. Podem ser usados como talismã, pingente ou em sua casa. Siga a sua intuição, passe os cristais em um incenso e limpe-os sempre que necessário.

CARTA	CRISTAL
O Louco	Sodalita
O Mago	Ágata Fogo
A Sacerdotisa	Ametista
A Imperatriz	Amazonita
O Imperador	Olho de Boi
O Papa	Cacoxenita
Os Enamorados	Quartzo Rosa

O Carro	Cornalina
A Força	Olho de Tigre
O Eremita	Ônix
A Roda da Fortuna	Quartzo Transparente
A Justiça	Jaspe Vermelha
O Pendurado	Água Marinha
A Morte	Obsidiana
A Temperança	Angelita
O Diabo	Granada
A Torre	Turmalina Negra
A Estrela	Labradorita
A Lua	Pera da Lua
O Sol	Pedra do Sol
O Julgamento	Lápis Lazúli
O Mundo	Bornita

PALAVRAS-CHAVES DOS ARQUÉTIPOS ARCANOS MAIORES

A seguir estão listados alguns arquétipos e palavras-chaves para que você possa utilizar quando estiver praticando o tarô. Para facilitar o aprendizado, deixe essa tabela ao seu lado durante a prática:

CARTA	PALAVRA-CHAVE
O Louco	Aventuras, espírito livre, descontração, busca de foco e concentração.
O Mago	Persistência, magia, foco, transformação e inteligência.
A Sacerdotisa	Intuição, sensitividade, segredos, energia psíquica.
A Imperatriz	Gravidez, expansão, fartura, nutrição.
O Imperador	Autoridade, organização, liderança, poder.
O Papa	Espiritualidade, dogma, mentores espirituais.
Os Enamorados	Amor, relacionamentos, decisões, escolhas.
O Carro	Movimentos, rapidez, fluir, vitória.
A Força	Autoconfiança, poder pessoal, superar obstáculos.

O Eremita	Introspecção, reflexão, paz interior, paciência.
A Roda da Fortuna	Destino, altos e baixos, mudanças, inevitável.
A Justiça	Lógica, acordos, questões judiciais, equilíbrio.
O Pendurado	Sacrificar-se, doar-se, libertação, dificuldades.
A Morte	Novo início, corte, término, encerramento.
A Temperança	Paz, saúde, tranquilidade, serenidade.
O Diabo	Desejos, tentações, mentiras, sombras.
A Torre	Rompimentos, destruição, desequilíbrio, nova jornada.
A Estrela	Sonhos, esperança, liberdade, fé, direcionamento.
A Lua	Mãe, intuição, ilusões, sensitividade, mediunidade, magia.
O Sol	Fartura, sucesso, realizações, prosperidade, abundância, fortuna.
O Julgamento	Passado, decisões, colheita, atitude, renascimento.
O Mundo	Realizações, concretização, sucesso, conclusão, alegrias.

NUMEROLOGIA

É muito importante você aprender a base da numerologia para compreender mais os Arcanos Menores.

NÚMERO	SIGNIFICADO
Um	Início, oportunidades, pioneirismo, independência, liderança, crescimento, nova jornada, projetos.
Dois	Cooperação, dualidade, parceria, compreensão, sensibilidade, empatia.
Três	Verbalização, comunicação, expressão, socialização, alegria.
Quatro	Estabilidade, organização, ordem, concretização, trabalho, praticidade.
Cinco	Audácia, adaptação, versatilidade, libertação, aventura, oportunidades, mente visionária.
Seis	Amor, proteção, equilíbrio, simpatia, beleza, carinho, lealdade.
Sete	Espiritualidade, intuição, esoterismo, introspecção, reflexão, consciência, meditação.
Oito	Determinação, ambição, liderança, poder, prosperidade, força, justiça, colheita.
Nove	Solidariedade, humanidade, prestatividade, generosidade, velhice, términos, encerramentos, aprendizados.

SIGNOS SOLARES, PLANETAS E SUAS ASSOCIAÇÕES ÀS CARTAS DOS ARCANOS MAIORES

SIGNO	CARTA
Áries	Imperador
Touro	O Papa
Gêmeos	Os Enamorados
Câncer	O Carro
Leão	A Força
Virgem	O Eremita
Libra	A Justiça
Escorpião	A Morte
Sagitário	A Temperança
Capricórnio	O Diabo
Aquário	A Estrela
Peixes	A Lua

PLANETA	CARTA
Sol	O Sol
Lua	A Sacerdotisa
Mercúrio	O Mago
Vênus	A Imperatriz
Marte	A Torre
Júpiter	A Roda da Fortuna
Saturno	O Mundo
Urano	O Louco
Netuno	O Pendurado
Plutão	O Julgamento